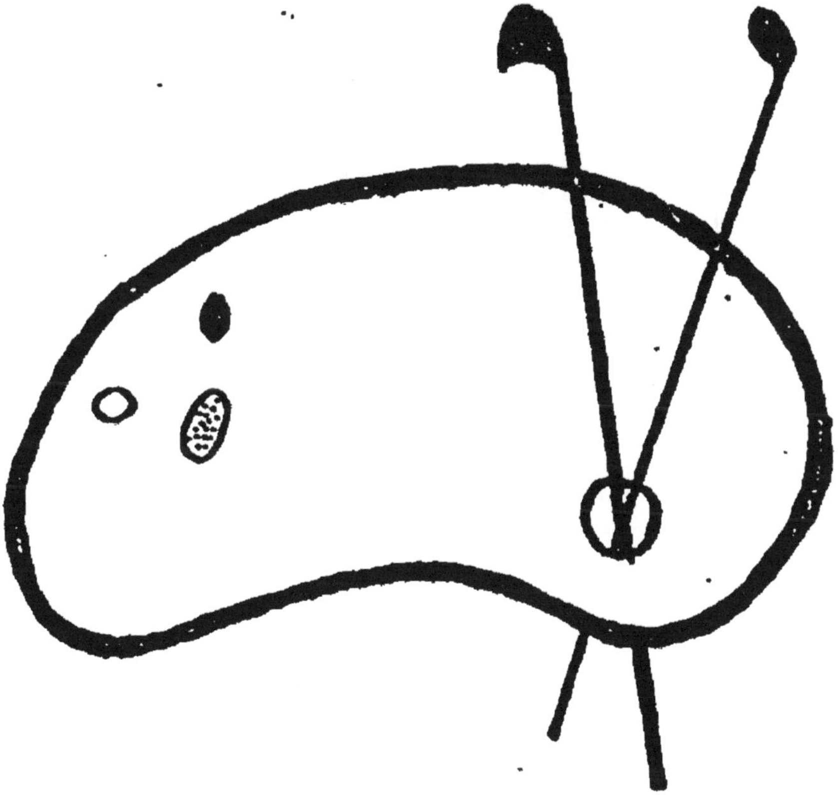

DEBUT D'UNE SERIE DE DOCUMENTS
EN COULEUR

PUBLICATIONS

DE L'ASSOCIATION HISTORIQUE DE L'AFRIQUE DU NORD

LA TRIPOLITAINE

ANCIENNE ET MODERNE

PAR

H. M. DE MATHUISIEULX

PARIS
ERNEST LEROUX, ÉDITEUR
28, RUE BONAPARTE (VIe)

1906

ERNEST LEROUX, ÉDITEUR, RUE BONAPARTE, 28

PUBLICATIONS

DE

L'ASSOCIATION HISTORIQUE

POUR L'ÉTUDE DE L'AFRIQUE DU NORD

I. — **Fouilles de Benian** (Alamiliaria), par Stéphane Gsell. In-8. . . . . 3 fr. 50

II. — **La porte de la Mosquée de Sidi Okba**, par P. Blanchet. In-8, planche . . . . 1 fr. 50

III. — **Fouilles d'une villa romaine**, par D. Novak. In-8, fig. 1 fr. 50

IV. — **Fouilles de Gouraya**. Sépultures puniques de la côte algérienne, par S. Gsell. In-8, fig. et planche . . . 2 fr. 50

V. — **Fouilles d'El Kenissia**, par le Dr Carton. — **La Tripolitaine ancienne et moderne**, par H. M. de Mathuisieulx. — **Les monuments de Ghirza** (Tripolitaine) par H. Saladin. In-8, fig. et planche. . . . . 3 fr. 50

Bulletin de l'Association. Fasc. I à VI. In-8. Chaque. 1 fr.

Angers. — Imp. A. Burdin et Cie, 4, rue Garnier.

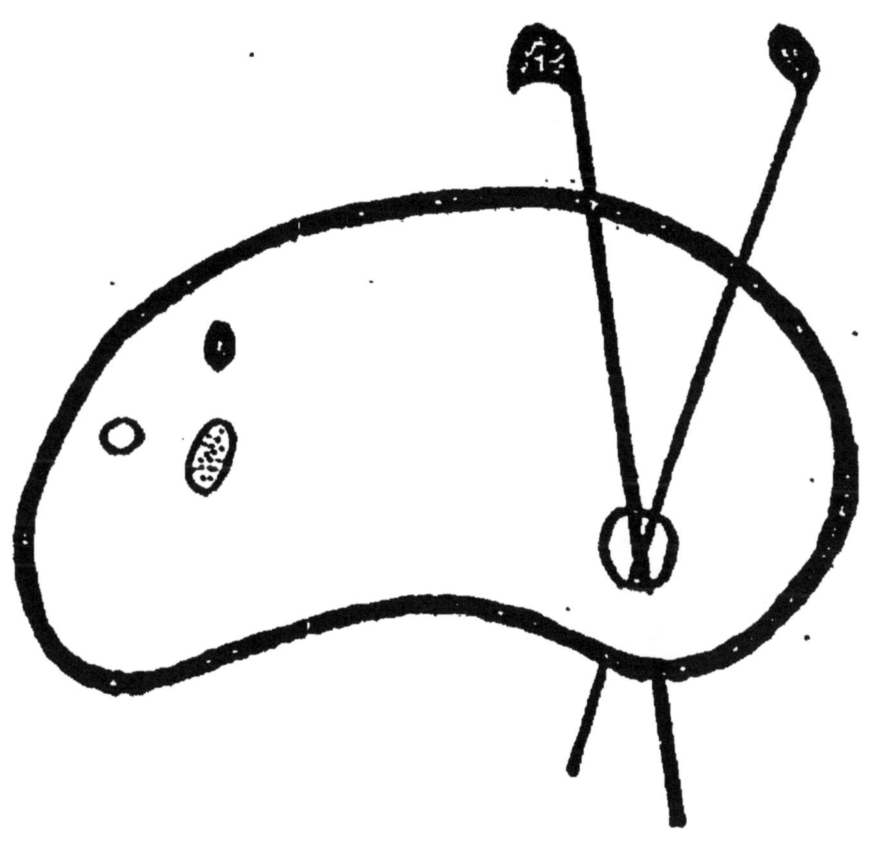

FIN D'UNE SERIE DE DOCUMENTS
EN COULEUR

PUBLICATIONS

DE L'ASSOCIATION HISTORIQUE DE L'AFRIQUE DU NORD

LA TRIPOLITAINE

ANCIENNE ET MODERNE

PUBLICATIONS

DE L'ASSOCIATION HISTORIQUE DE L'AFRIQUE DU NORD

LA TRIPOLITAINE

ANCIENNE ET MODERNE

PAR

H. M. DE MATHUISIEULX

PARIS
ERNEST LEROUX, ÉDITEUR
28, RUE BONAPARTE (VIe)

1906

NOTES

SUR LA

TRIPOLITAINE ANCIENNE ET MODERNE

Depuis que l'humanité enregistre son histoire, les livres qui traitent des territoires ottomans englobés aujourd'hui sous le nom général de Tripolitaine se sont accumulés à tel point qu'on en a pu dresser des bibliographies très copieuses. La profusion d'encre, répandue de nos jours à propos de cette région plus ou moins convoitée, succède tardivement aux mentions qu'en ont laissées les Grecs et les Latins, mentions dont la première, celle des Lotophages, remonte jusqu'à Homère. A l'époque où l'Égypte se rattachait politiquement à l'Asie, c'est par le littoral des Syrtes que les plus anciens navigateurs de la Phénicie entamèrent l'Afrique. Pour affronter le Soudan, les grands explorateurs du siècle dernier choisirent cette même partie du Continent noir, que plusieurs siècles de domination romaine avaient transformée en colonie prospère.

Cependant le vilayet tripolitain reste la contrée la plus mal connue de l'Afrique méditerranéenne; les documents anciens et modernes pèchent en effet par défaut de précision et d'enchaînement dans les détails. Les Grecs, Hérodote, Strabon, Ptolémée, décrivent trop vaguement les habitats des tribus primitives. Les auteurs latins, en particulier Tite-Live, Tacite, Columelle, Pline, Ammien Marcellin, ne citent que des faits épars. Nous avons en grande partie perdu la clef des secrets confiés par les périples de Scylax et d'Hannon, les itinéraires d'Antonin, la Table de Peutinger et la Johannide. L'espace compris entre l'Erg tunisien et le désert libyque a été à peine effleuré par les historiens arabes, Edrisi, Batouta, El-Bekri, Haukal, Léon l'Africain, d'ordinaire si féconds en renseignements sur les domaines de l'Islam. Quant aux intrépides voyageurs, débarqués à Tripoli pour gagner le Tchad et le Niger, ils ont couru à leur but lointain en s'astreignant aux routes battues par les caravanes : les uns par le Fezzan, comme Hornemann, Lyon, Denham, Barth, Vogel, Rolhfs, Nachtigal, Monteil; les autres par Rhadamès et Rhat, comme Laing, Richardson, Dikson, Duveyrier, Mlles Tinné, Mircher. Les études de Durand, Lemaire, Bruce, Laporte, Cervelli, Della Cella, Beechey, Fresnel, Mouchez, ont exclusivement porté sur le littoral. Bary, Meltzan, Cowper, Freund, Alluaud se sont bornés à de courtes excursions autour de Tripoli. Enfin les articles ou brochures, qui se publient en ce moment, viennent d'écrivains qui n'ont jamais dépassé les murs du grand port, ou n'y ont même pas mis les pieds.

On comprend dès lors à quelle insuffisance se heurtent les savants, tels que Tissot, Guérin, Mannert, Müller, Mommsen, Cagnat, quand ils s'efforcent d'étendre au delà de la frontière tunisienne les ingénieuses investigations qu'ils ont portées sur la Byzacène, la Numidie occidentale, les Maurétanies Césarienne et Tingitane. Et l'on s'explique également les erreurs multipliées qui embrouillent le lecteur, réduit à tirer de décourageantes bordées entre les apologistes et les détracteurs de la mystérieuse Tripolitaine dans le passé aussi bien que dans le présent et l'avenir.

Durant ces vingt dernières années, l'essaim des pionniers de la science s'est abattu avec un admirable acharnement sur l'Afrique du Nord, mais aucun de ces érudits n'a pu pénétrer dans l'intérieur des territoires turcs, parce que les maîtres du pays, vexés des propos de la presse européenne, ont fermé leur colonie aux étrangers. Plus heureux, je viens d'effectuer, grâce à un *iradé* exceptionnel du Sultan, trois explorations successives qui m'ont permis de séjourner à loisir dans des districts où personne n'avait encore pénétré et de visiter en détails ceux où d'autres n'avaient fait que passer.

Un double but m'y attirait : la découverte des traces qu'ont laissées les divers conquérants et des leçons que nous en pouvons tirer pour l'Algérie et la Tunisie; la recherche de débouchés commerciaux pour nos protectorats du Soudan Central. Si M. Gaston Boissier a pu dire qu'il fallait interroger les ruines africaines pour en extraire des modèles de colonisation moderne, c'est en Tripolitaine surtout qu'on trouve les indications les plus précieuses parce que le sol s'est montré plus rebelle à ces Romains qui, par des miracles de patience et d'habileté, ont su tirer parti même des régions sablonneuses. Et d'autre part, l'échancrure des Syrtes n'accapare-t-elle pas depuis trois mille ans le monopole du trafic avec les nègres de l'Afrique centrale ?

I

Je me propose de résumer ici, telle qu'elle est aujourd'hui, chacune des régions disparates dont se compose le vilayet de Tripolitaine proprement dit et d'y signaler les vestiges d'où l'on pourra tirer les conclusions qui nous intéressent.

On croit généralement que l'intérieur du pays des Syrtes forme un prolongement immédiat du Sahara. C'est une erreur. Sans doute aucune *chaîne de montagnes* ne s'interpose entre le littoral et la Hammada pétrée; c'est là une constatation géographique dont notre mission s'est rendue compte la première, tandis que nos devanciers affirmaient au contraire l'existence de lignes de Djebels, barrant l'horizon.

Comme le démontrent mes observations hypsométriques, ce n'est pas un cordon de montagnes qui court de la Tunisie à la Grande Syrte, c'est un vaste plateau rectangulaire qui tombe brusquement vers le Nord sur les plaines maritimes et qui vers le sud se soude insensiblement à la Hammada. Le Sahara se trouve donc isolé de Tripoli par une épaisse cloison, dont la structure et la flore appartiennent encore au monde méditerranéen. S'il en avait été autrement, les colons de l'antiquité n'auraient jamais pu s'y acclimater. Les rares parages, où les sables sahariens se mêlent à ceux du littoral, sont précisément ceux où l'on ne retrouve aucune trace d'une action de l'Europe antique. De cette configuration même, il résulte une série de transitions, de sorte que nulle part en Afrique les zones ne sont plus nettement morcelées. Derrière le rideau intermittent des oasis maritimes, les terres basses et sablonneuses s'étendent à cent kilom. de profondeur vers le Sud; puis, la grande table intérieure dresse brusquement sa bordure déchiquetée et incline doucement vers l'intérieur sa surface monotone, après avoir projeté vers la mer l'étroit contrefort du Tarhouna.

Longeons d'abord les 400 kilom. de littoral qui se déroulent entre les deux golfes des Syrtes. Nous y trouvons partout la même uniformité de dunes basses et de plages qui se prolongent au loin sous les flots, en des bancs dangereux pour la navigation. Aussi les pêcheurs d'éponges sont-ils obligés de chercher au large les profondeurs où s'abrite le précieux porifère. La même raison contraint les paquebots à maintenir leur route à une distance telle qu'ils n'aperçoivent jamais la barre d'or du rivage, entre le velours chiffonné de la mer et le satin tendu du ciel.

J'ai suivi ces côtes sans interruption, depuis la Tunisie jusqu'à Misrata, je n'y ai contourné que deux échancrures : la rade de Tripoli et l'anse de Khoms.

Il s'en faut que le port de Tripoli offre un abri sûr aux navires. Le fond, encombré de roches, rend l'accès impossible si le temps n'est pas clair et calme. Sitôt que les vents chargés de sable obscurcissent l'atmosphère, ou que la houle agite la surface de l'eau, les bateaux s'en retournent, sans avoir débarqué ni passagers, ni marchandises. Le mouillage de Khoms, plus difficile encore, n'est accessible qu'aux plus petits vapeurs. Pour desservir Misrata, la Compagnie de navigation italienne doit se contenter d'une escale en pleine mer.

Inhospitalière aux marins, cette côte se montre clémente à la terre qu'elle borde. Un cordon de dunes protège du flot les premières étendues de la plaine, plus basses que le niveau de la Méditerranée. Lorsque cette protection vient à manquer, comme à Bréga, à Zouara et à la Mélaa de Tadjourah, l'eau salée gagne l'intérieur et s'y épanouit en vastes sebkhas. Cependant la digue naturelle ne suffirait pas à créer un habitat humain sur les sables calcinés par un soleil implacable, sans la rangée d'oasis qui s'échelonnent à sept ou huit cents mètres en arrière.

Quelques optimistes ignorants ont exagéré l'importance de ces îlots de verdure, les seuls qui pointillent la blanche étendue des sables entre la mer et le plateau intérieur. Leur superficie totale n'atteint pas la millième partie de la plaine désertique. Mais ces jardins n'en constituent pas moins un délicieux abri pour le voyageur qui chemine sous les rayons accablants du soleil. Là, les yeux, reposés par la caresse de l'ombre verte, se promènent avec volupté sur le retroussis des champs d'orge et sur la frondaison des arbres fruitiers, recouverts à leur tour par les parasols élégants des palmiers. Dans cette pénombre moite, s'agitent les silhouettes des femmes. drapées comme des madones en leurs longs voiles bleus; elles se penchent sur les rigoles pour recueillir dans les urnes de grès l'eau qui monte des norias et rien n'est plus gracieux que de les voir emporter sur leurs épaules les récipients ternis par la buée de fraîcheur. Ces apparitions charment encore davantage lorsque l'une d'elles dédaigne de cacher son visage, où la noirceur vive des yeux contraste avec l'éclatante blancheur des dents.

A l'abri du soleil, les plantes et les arbrisseaux se revêtent d'une couleur si verte et si luisante, qu'on la croirait factice. C'est par centaines que les puits déversent, dans les damiers d'herbes potagères, l'eau souterraine que montent les outres de peau. Le travail incessant y produit l'abondance et groupe quelques familles arabes en noyaux sédentaires. Aussi les Turcs entretiennent-ils une garnison et un préfet (kaïmakan ou moudir) dans les principales de ces oasis riveraines, Zouara, Adjila, Zavia, Zenzour, Menchya, Tadjourah, Zlitten, Misrata. Qu'aurait à faire en dehors des palmeraies la population de ces centres? Aussi ne voit-on jamais âme qui vive sur les plages, sauf à Tripoli.

Le grand port, avec ses ruelles encombrées de flâneurs en burnous, de chameaux surchargés et de denrées multicolores, s'anime étonnamment, le jour, pour retomber subitement dans le plus profond silence au crépuscule du soir. Cet ancien foyer de la piraterie barbaresque mérite bien le nom de « Musée ethnographique en plein air » que lui a donné Nachtigal : l'Arabe compassé y coudoie le Berbère impétueux, le Juif aux costumes bariolés s'y mêle au Maltais en bras de manche, le Turc déguenillé y bouscule le nègre presque nu. Les représentants de la race noire, arrivés avec les caravanes, appartiennent à tous les types du Soudan, depuis le Yolof sénégalais jusqu'au Chillouk du haut Nil. Leur peau huileuse lance des reflets de cuivre, sous les rayons qui pénètrent dans le *Souk* par les disjonctions des planches. Ces grands enfants, qui ont voyagé avec toute leur fortune mobilière, se sentent mal à l'aise dans les maisons enserrées par les épais remparts de la cité et se bâtissent en pleins champs des cabanes coniques, comme en la patrie lointaine où ils s'empresseront de retourner.

La population fixe de Tripoli végète dans une affreuse misère. La saleté suinte des murs et répand une odeur âcre, surtout dans le ghetto juif où l'immondice fume sous les voûtes intermittentes et sous les treilles qui plafonnent les ruelles et laissent apparaître le ciel bleu. Sauf les faubourgs extérieurs, où les avenues s'allongent en larges rubans rectilignes, où les blanches casernes turques jettent gaîment leurs fanfares, Tripoli ne possède pas un quartier qui ne soit un dédale d'échoppes sordides. Et cependant cette ville a fort grand air quand on aperçoit de loin son étagement de terrasses blanches et de minarets cylindriques, entre l'azur intense de la rade et la dentelle verte des palmiers de son oasis, qui l'entoure « comme un collier d'émeraude ». Aucun port d'Afrique ou d'Asie Mineure n'a conservé aussi fidèlement son cachet médiéval.

Le tintamarre de cette « marine » cessait-il autrefois comme aujourd'hui dès qu'on avait franchi la lisière de la Menchya? Avant même que nous retrouvions les vestiges matériels du passé, l'histoire nous apprend que les plages mortes de la Tripolitaine furent jadis très fréquentées, par les Sidoniens, les Carthaginois, les Romains, les Vandales, les Espagnols qui trafiquaient avec les tribus garamantes et créaient des débouchés pour leurs établissements agricoles.

Je n'ai retrouvé aucune trace punique. Les trois *emporia* d'Œa, Sabratha, et Leptis Magna, que les Phéniciens avaient fondés avec tant de succès et qui valurent à toute la région le nom de *Tripolis*, ont disparu sous les constructions latines. Lorsqu'il sera possible d'entreprendre les fouilles, que l'autorité ottomane interdit encore, on trouvera sans doute, sous les monceaux de pierres taillées tombées des ruines romaines, les fortifications, les tombeaux, les ustensiles des marins de Sidon. Comme Beulé le prévoyait pour Carthage, les cités ne disparaissent jamais complètement : « Si grands que soient les conquérants, leur puissance est limitée, même pour détruire; Ninive et Babylone en sont une preuve éclatante ». On a déjà recueilli des monnaies puniques, en bon nombre et de dates diverses, témoignage indéniable du séjour des contemporains de Didon.

Avant l'époque sémitique, l'existence des tribus Lotophages avait été révélée par la tradition homérique : l'accueil hospitalier de ces riverains faillit empêcher Ulysse de continuer son pieux voyage : « Nous abordons au pays des Lotophages. Nous descendons à terre, nous puisons de l'eau et mes hommes prennent leur repas près des barques. Puis, quand on eut satisfait la faim et la soif, j'envoyai deux de mes compagnons s'informer des mœurs des indigènes : ils se mêlèrent bientôt à des humains qui se nourrissaient de Lotos[1]. Ces indigènes, sans aucune pensée meurtrière, offrirent un plat de lotos à mes émissaires qui ne voulurent plus revenir, dès qu'ils eurent goûté à cette nourriture, et nous laissèrent sans nouvelles. Ils voulaient rester, se gorger de lotos et ne plus jamais songer au retour dans la patrie. Je dus en personne les ramener aux barques, malgré leurs larmes, les attacher sous les bancs et les y maintenir jusqu'au départ ».

Au dire d'Hérodote, ce fut également dans ces parages qu'aborda Jason, après l'expédition de Colchide. Jeté de Grèce en Afrique par les vents de Borée, il dut implanter momentanément la civilisation hellénique sur les côtes libyennes, parmi les Nasamons, les Maces, les Louatas et les Zouakès. Strabon nous a laissé le souvenir de populations riveraines, qui se livraient à des pêches étranges : « L'effet du flux et du reflux se fait sentir jusque-là et les gens du pays profitent pour pêcher du moment même où la

1. Le lotos a été identifié au jujubier sauvage, que j'ai retrouvé dans presque toutes les oasis du littoral tripolitain.

mer se retire, ils la suivent alors en courant de toutes leurs forces et en sautant sur le poisson à mesure qu'elle le laisse. »

On sait que les Romains, successeurs de Carthage, hésitèrent longtemps avant de s'installer en Afrique, où ils n'avaient abordé que pour détruire leur rivale. Ils s'y décidèrent à contre-cœur, poussés par la nécessité d'empêcher la puissance liby-phénicienne de se reformer. Pendant la République ils se hasardèrent à occuper quelques places dans la Tunisie actuelle, parce qu'ils s'y sentaient secondés par l'ambition de leurs alliés berbères.

Mommsen, désireux de flatter son souverain d'Allemagne, attribue à la persévérance bienfaisante du gouvernement impérial la conquête réelle, succédant à « l'absence de vue, à l'étroitesse, à l'absurdité du gouvernement républicain ». Il oublie que le caractère latin, calme et pratique, n'était pas porté de prime abord vers les conquêtes. « C'était, dit M. Gaston Boissier, un peuple sage, prudent, que les aventures ne tentaient pas ; s'il en a couru quelques-unes, c'est qu'il n'a pu faire autrement. Une guerre l'a conduit à une autre ; il a été souvent amené à faire une conquête nouvelle pour assurer une conquête ancienne. C'était au fond son caractère et sa force de ne pas concevoir de projets démesurés, quoiqu'il soit arrivé à posséder un empire hors de toute mesure. Peut-être est-ce cette modération et cette sagesse qui ont rendu sa domination si solide ».

Au milieu de la côte Syrtique, Oea occupait exactement la place de la moderne Tripoli (*Tarabolos el Gharb*, ou Tripoli d'occident, par opposition à son homonyme d'Asie). Il n'y subsiste qu'une ruine, l'arc de triomphe élevé sous les règnes de Marc Aurèle et de Vérus, en l'année 164 de notre ère. Ce monument disparaît à moitié dans les décombres et ses faces sont obstruées d'échoppes maltaises. Les sculptures extérieures ont beaucoup souffert, mais elles promettent d'agréables surprises à ceux qui auront la chance de déblayer la base.

Les archéologues se plaignent des Turcs, parce que ceux-ci se montrent intraitables au sujet des fouilles. En ce qui concerne Oea on aurait mauvaise grâce à leur en vouloir, puisque pour mettre à jour le port romain il faudrait raser toute la ville moderne. Nous, Français, qui sommes si entichés des traces de l'antiquité, consentirions-nous à abattre les maisons de la colline Sainte-Geneviève, sous prétexte qu'elles recouvrent d'innombrables vestiges gallo-romains adhérents au palais de Julien et aux arènes de la rue Monge? D'ailleurs, avant même que la Sublime Porte se décide à livrer le sol aux piocheurs, les environs de Tripoli dédommageront la science, car on y a récemment découvert l'amorce d'une série de catacombes et de tombeaux. L'une de ces sépultures, près de Gargarech, est une précieuse trouvaille, dont M. Clermont-Ganneau a fait ressortir l'intérêt dans une communication récente à l'Institut. Creusée dans une double chambre souterraine, décorée de fresques et d'inscriptions peintes, elle renferme les dépouilles d'un Libyco-numide et de sa femme, la Sémite Arisuth. La mort du mari (Juratanus) a probablement été occasionnée par un accident de courses de char, représentée en couleurs sur le tombeau. « Le principal intérêt de ce monument, remarquable à tous égards, c'est qu'il jette une lumière inattendue sur un des points les plus obscurs et les plus controversés du culte de Mithra : l'affiliation des femmes à ce culte. Le mari et la femme, ensevelis côte à côte dans ces riches sépulcres, avaient respectivement les grades de *Lion* et de *Lionne* correspondant aux quatrième degré de l'initiation ; par conséquent, ils appartenaient à la catégorie des μετέχοντες « participants » (à la communion sous les trois espèces, pain, vin et eau), catégorie supérieure à celle des simples ὑπηρετοῦντες ou « servants ». Le grade de *Lion* apparaît souvent dans les inscriptions ; celui de *Lionne* était jusqu'ici sans exemple. Cette découverte vérifie le dire de Porphyre qui, à côté des *Lions* mithriaques, mentionne les femmes ὑαίνας, *hyènes* »[1].

Oea ne nous rappelle qu'un souvenir précis, celui d'Apulée, cet avocat romain qui se ruina à parcourir le monde pour s'instruire et échoua très pauvre dans la capitale tripolitaine. Il y épousa une veuve riche qui lui légua toute sa fortune, au grand mécontentement des héritiers naturels. Ceux-ci lui intentèrent un procès, dans lequel ils l'accusaient d'avoir usé de sorcellerie pour se faire attribuer les biens de la défunte. Devant la loi romaine, qui se montrait inexorable contre les magiciens, Apulée objecta qu'il était jeune et beau, et qu'il n'avait pas eu besoin de moyens illicites pour séduire la veuve, déjà vieille et laide. Les juges se rendirent à ces raisons, après des démêlés qui retentirent dans toute l'Afrique. Fixé définitivement à Oea, Apulée y ouvrit la série de ces écrivains latins de l'Afrique, qui fournit pendant quatre cents ans plusieurs rhéteurs de talent, saint Cyprien, Arnobe, Lactance, saint Augustin, etc.

Leptis Magna est celui des trois emporia maritimes qui conserve le mieux ses ruines. Les *Archives des Missions scientifiques* ont publié la description que j'en ai rapportée. Ce qui émerge du sable suffit à prouver qu'une ville riche et puissante prospérait en ce site, pendant le haut et le bas empire. Autour du *Cothon* (port intérieur alimenté par une rivière) s'épanouissaient des quartiers somptueux, couverts de palais, de temples, de thermes, de belles habitations particulières, dont j'ai étudié les vestiges. Sur le rivage, s'allonge un superbe hippodrome (stade), le seul que je connaisse en Afrique. Les dimensions, les vastes gradins réservés aux spectateurs, ne nous laissent aucun doute sur la vogue des courses

1. Clermont-Ganneau, *Comptes rendus de l'Académie des Inscriptions et Belles-Lettres*, 1903, p. 357 et suiv.

de chevaux et de chars, ce qui n'a pas lieu de surprendre chez ces Numides qui se disaient les meilleurs cavaliers du monde et qui remportaient les premiers prix à Rome. Leptis était sans doute la base d'opération dont les Romains se sont servis pour prendre en flanc le plateau intérieur, par la marche intermédiaire du Tarhouna, de même qu'ils ont tourné l'Atlas algérien par la Tunisie. Moins sages qu'eux nous avons commis la lourde faute d'attaquer de front les hautes terres des Maurétanies Césarienne et Tingitane, ce qui a nécessité un effort dix fois plus vigoureux.

Sabratha, la troisième cité maritime, celle dont les débris informes gisent à 80 kilomètres ouest de Tripoli, ne le cédait pas en importance aux deux autres. Aucun point de la côte n'offre un plus mauvais mouillage naturel et les anciens y ont élevé des digues gigantesques dont la base apparaît encore sous les flots. Le choix d'un pareil emplacement n'a pu être déterminé par le besoin de créer un centre pour la région agricole du littoral ou pour l'exploitation des salines, puisque les champs cultivés se terminent plus à l'Est et que les sebkhas ne dépassent guère la région tunisienne. Mais regardons la carte et nous constaterons que le port faisait directement vis à vis à la grande échancrure des Djebels à Djado, par où passaient — et passent encore — les caravanes dirigées sur Rhadamès. Sabratha était donc le débouché spécial de l'antique *Cydamus*, si commerçante à l'époque des Garamantes.

Ce rôle explique les dimensions étonnantes de la ville, dont les décombres recouvrent encore trois kilom. de dunes. On ne s'étonne plus d'y trouver un amphithéâtre où dix mille spectateurs tenaient à l'aise, surtout si l'on se souvient de l'importance des jeux publics dans la vie des Romains. M. Gaston Boissier, que nous nous plaisons à citer parce qu'il est le guide le plus agréable à suivre dans l'Afrique latine, s'exprime ainsi : « Rome, dans tout les pays qu'elle venait de soumettre, introduisait avec elle les jeux publics, et partout ils ont été accueillis avec la même faveur. Les nations les plus sauvages, les plus rebelles à la domination du vainqueur, n'ont pas résisté à l'attrait que les jeux leur inspiraient. Divisées sur tout le reste, elles se sont unies dans la même passion pour les mêmes spectacles, et, en s'habituant à les fréquenter, elles y ont puisé des idées communes, en sorte que ce qui semblait ne devoir être qu'un divertissement futile est devenu l'un des éléments les plus puissants de l'unité romaine. Plus le pays était barbare, plus les Romains usaient de ce moyen de se l'attacher et de le civiliser. Voilà pourquoi ils ont rempli l'Afrique de cirques, d'amphithéâtres, de théâtres. Nous venons d'en avoir la preuve à Timgad, etc. ». Dorénavant on pourra y ajouter deux nouvelles preuves, aussi concluantes que toute autre : Leptis et Sabratha. En foulant ces beaux gradins, j'aimais à me représenter les commissaires, ou *designatores*, indiquant leurs places respectives aux magistrats, aux duumvirs, aux édiles, aux questeurs, aux décurions, aux prêtres. La *cavea* se remplit de monde élégant, uniformément vêtu de la toge de rigueur; les hauts gradins disparaissent sous la houle des indigènes disparates et le silence se fait tout à coup lorsque les coureurs, les chars, les gladiateurs ou les bêtes fauves entrent dans la piste.

Outre Leptis, Oea et Sabratha, nous retrouvons, dans l'Itinéraire d'Antonin et dans la Table de Peutinger, le nom de plusieurs localités qui s'échelonnaient sur la côte des Syrtes. A part Assaria (Sayat) et Simnava (Zorek), je n'ai retrouvé nulle part les débris de murailles qu'ont signalés Barth et Beechey, tant la rage des Arabes s'acharne à détruire les vestiges des Roumis abhorrés. Mais les documents grecs et latins fournissent les noms des *marines* ou caravansérails où les convois se reposaient chaque soir pendant le voyage de Carthage à la Cyrénaïque.

Les Vandales de Genséric apparurent en Tripolitaine vers le milieu du ve siècle, mais leurs hordes n'ont marqué leur passage que par la dévastation. Incapables de vivre dans l'enceinte des villes, ils détruisirent les murs de Sabratha et de Leptis, afin d'empêcher les Romains de s'y retrancher de nouveau. Cent ans après leur invasion, lorsqu'ils furent chassés par Bélisaire, l'empereur Justinien releva les remparts des deux cités; mais, pour faciliter la défense, il diminua leur périmètre qu'on avait d'abord tracé de manière à englober les esplanades réservées aux campements des tribus garamantes, lesquelles accouraient dans les ports au moment des grandes foires.

La surprise est grande de ne trouver sur cette côte aucun reste de la belle civilisation arabe des xiie et xiiie siècles. A Tripoli et à Misrata, les plus anciennes maisons datent à peine de deux cents ans. Quant aux mosquées de la capitale actuelle, elles ont été si souvent remaniées par nos contemporains qu'on ne saurait en distinguer l'origine. La moins transformée semble être celle de la Marine, où reposent les cendres vénérées du célèbre corsaire Dragut, qui fut tué au siège de Malte. En matière de fortification, les successeurs des premiers conquérants de l'Islam se sont contentés d'occuper les remparts et les quelques châteaux que les Espagnols avaient édifiés à Tripoli et à Tadjourah, à l'instar de ceux dont ils jalonnaient les côtes de la Tunisie et de l'Algérie. On conserve encore le souvenir de la domination éphémère des Chevaliers de Malte que Charles-Quint avait installés autour de la capitale.

Les relations commerciales que les marchands Européens, les Vénitiens surtout, entretinrent avec la Tripolitaine au XIV siècle, furent très lucratives. A Zouara et à Tadjourah (La Melaa) ils exploitaient les salines. A Tripoli et à Misrata ils vendaient leurs verroteries, les soieries et brocards, les bois de teinture, les vins, les liqueurs, les épices, la quincaillerie, les armes (casques, boucliers, lances), les agrès de navires, le plomb, le cuivre, l'étain, le vif argent, etc. « Venise, dit La Primaudais, tirait des Alpes voisines de l'Istrie et du Frioul tous les bois qu'elle importait dans la Barbarie et qui consistaient surtout en solives et planches de sapin, de hêtre, de frêne et d'ormeau ». En échange de ces diverses marchandises, les Vénitiens acquéraient des fruits secs, de l'huile, des céréales, du sel, des peaux de mouton, des cuirs de chameau et de bœuf, des tapis, des étoffes de laine, des chevaux, du safran, du miel, de l'alun, du séné, des éponges, de l'or ouvré ou en poudre, de l'ivoire et des plumes d'autruche. Entre temps, les Génois, les Pisans, les Marseillais faisaient concurrence à la reine de l'Adriatique, avec plus ou moins de succès. Les uns et les autres se rendirent plusieurs fois maîtres des ports que commandaient des beys tantôt indépendants, tantôt tributaires de la Sublime Porte.

A Gargarech, près des tombes souterraines dont nous avons parlé plus haut, se dresse une tour carrée. La construction en est indubitablement romaine, mais je soupçonne ce fortin d'avoir fait partie de la ligne de postes optiques installée par les premiers musulmans pour relier l'Égypte au Maroc, le long du littoral. Ce service fonctionnait avec une rapidité telle que les nouvelles se transmettaient, jour et nuit, en moins de vingt heures entre Alexandrie et Tanger. Malheureusement la côte des Syrtes ne contient pas d'autre trace de cette organisation étonnante qui a précédé de six ou sept siècles les inventions de Chappe en France.

Ainsi, la domination romaine a seule laissé des traces précises de son existence sur le rivage tripolitain. Si nous quittons maintenant la mer pour pénétrer dans la plaine désertique de la Djeffara, nous nous enfouissons dans des sables arides à ce point qu'ils excuseraient l'erreur de ceux qui y voient le commencement du Sahara, si l'on n'y apercevait bien vite vers le Sud la silhouette rectiligne de la falaise du plateau. Le palier maritime s'élève insensiblement jusqu'au pied des Djebels, où il atteint 300 mètres d'altitude, à peu près la moitié de la hauteur moyenne de la grande table intérieure. Ses ondulations, océan de blancheur éclatante sous le ciel embrasé, se plissent en vagues de sable que le vent écrête en panaches de poussière. A l'exception de rares bas-fonds où l'eau souterraine affleure, aucune végétation ne repose le regard aveuglé. C'est la région dangereuse, à cause des rôdeurs armés qui y guettent les caravanes mal gardées.

Les torrents tombés des hautes terres ne parviennent pas à traverser ces terres basses ; le sol les boit rapidement et il n'en est plus question à dix kilomètres au nord de la falaise. Mais à l'endroit de la plaine où les torrents des Djebels disparaissent, le sable toujours chargé de marne devient aisément fertile, de sorte que les nomades ont pu créer une zone de cultures (orge) mitoyenne à la zone pierreuse que forment les éboulis de la grande falaise. Les champs de Kedoua et de Radou marquent les extrémités de ce ruban de verdure qui barre le vilayet sur toute sa largeur. Parfois les récoltes s'accumulent en telle abondance qu'elles nécessitent l'emploi de *silos*. Creusés en forme de carafe, ces greniers souterrains s'ouvrent à la surface par un goulot vertical, très étroit, où l'emploi d'une échelle de corde est indispensable. Pareille disposition se prête trop bien aux guet-apens pour que les indigènes n'en profitent pas à l'occasion, par exemple pour y enterrer vivants des parents dont l'héritage se fait trop attendre.

Il est à présumer qu'une catastrophe géologique a abaissé de 300 mètres la Djeffara qui s'élevait autrefois au niveau du plateau et le prolongeait vers le Nord. La falaise aurait été mise à jour par le glissement vertical de la région effondrée. La bordure actuelle des hautes terres que Barth appelait si judicieusement la « vraie rive continentale » se trouvait à 60 ou 70 km. plus au nord, comme en témoignent les mamelons isolés, à Djedda et à Kedoua, par l'inclinaison même de leur stratification[1].

Pas plus que nos contemporains, les anciens n'ont occupé la Djeffara. Je l'ai sillonnée en huit itinéraires différents, j'ai scruté soigneusement l'horizon et interrogé les Arabes qui traversent constamment ces sables, il n'y existe aucune ruine. Cependant près de la lisière méridionale, dans la zone où se perdent les Ouadis des Djebels, l'oasis de Djoch contient quelques vestiges dont il nous faut parler à propos des plaines. Ils méritent une attention particulière, non seulement parce qu'ils sont les seuls, mais aussi parce que les indigènes leur donnent le nom de *Sabria*, exactement comme à ceux de Sabratha. Je ne doute pas que nous ne soyons ici en présence de la *Sabratha intérieure* dont Ptolémée faisait mention et dont plusieurs savants nient l'existence. Quelle autre utilité avait cette ville de Djoch que celle de servir de caravansérail à la Sabratha maritime, pour les convois de Rhadamès? C'était non seulement une station de repos avant l'ascension des Djebels, mais une bifurcation pour les caravanes qui se séparaient des compagnons en route sur Cydamus et gagnaient le Fezzan. Et ce nom de Sabria, commun aux ruines du grand port et des murs de Djoch, n'est-il pas une preuve suffisante, à l'appui de mon hypothèse?

II

Gravissons le plateau intérieur, le T'ahar, comme disent les indigènes. Sa bordure s'écroule avec tant de brusquerie sur les plaines, que les habitants eux-mêmes lui ont donné le nom de Djebel. Aperçu d'en bas, par les échancrures de

1. Seuls les ouadis du Tarhouna, à cause de la proximité des collines où ils prennent naissance, portent un filet d'eau à la mer.

la falaise, ce dédale de ravins tortueux et profonds, de cimes isolées et d'éperons hardis, offre sans doute l'aspect pittoresque de la montagne. Il est assez naturel que mes devanciers, coupant à angle droit cette zone déchiquetée dans leur course précipitée vers le Soudan, aient cru escalader une barrière de monts, alors qu'ils gravissaient seulement la pente d'une terrasse très unie. Mais l'appellation de Djebel (montagne) Nefousa, Djebel Yffren et Djebel Gariana ne correspond, dans l'idée des indigènes eux-mêmes, qu'à l'étroit versant septentrional, où les parois rocheuses et les éboulis terminent le T'ahar.

Les eaux anciennes, dont la provenance reste pour nous une énigme, ont profondément érodé cette bordure et ébréché la haute muraille qui l'étaie. La majesté qu'on lui prête lui vient de la comparaison avec la Djeffara qui précède. Ces innombrables filets d'eau, dégringolant en cascatelles, ne seraient d'aucune ressource à la végétation si les indigènes ingénieux ne s'évertuaient à irriguer les étroites rainures des thalwegs et à maintenir quelques pincées de terre par des murs de soutènement.

Paresseux et insouciant, l'Arabe n'aurait jamais réussi dans ce labeur persistant et d'ailleurs les tribus autochtones ne lui ont jamais permis de s'installer dans leur habitat. Les Djebels tripolitains sont restés le refuge d'une population berbère, de race pure, dont on ne retrouve plus les tribus qu'à Rhadamès et dans l'île de Djerba. Durant sept siècles, les « montagnards » se sont retranchés dans ces repaires pour repousser victorieusement l'envahisseur, dont le flot se brisait contre la grande falaise. Lorsque les vallées ont cessé de répercuter les coups de feu des guérillas, les partisans ont résisté avec plus d'opiniâtreté encore à l'invasion pacifique et jamais aucun mariage n'a rapproché les deux races. Sans doute la foi de l'Islam est parvenue à monter jusqu'à ces farouches solitaires, mais si péniblement qu'on y retrouve une foule de traditions primitives,

D'abord païens, puis chrétiens, les Berbères sont devenus musulmans à leur manière, aussi fidèles à leur secte particulière qu'hostiles à l'islamisme officiel. Comme nos M'zabites d'Algérie, ils obéissent à un pontife assez mystérieux, dont la résidence est dans l'Oman. On connaît peu leurs croyances qu'ils se transmettent dans des livres écrits en caractères arabes et rédigés en langue *tamazirt*, celle que parlent tous les autochtones de l'Afrique du Nord jusqu'au Niger et au Tchad. J'ai trouvé dans leurs mœurs une austérité si rigoureuse que nul d'entr'eux n'oserait boire une tasse de thé, ou fumer une cigarette, par crainte de commettre un péché.

A force d'assauts meurtriers, les troupes bien armées du Sultan ont fini par maîtriser politiquement les Djebels et elles s'y maintiennent grâce à d'importantes garnisons; mais l'esprit d'indépendance couve sous une résignation plus apparente que réelle. On sent dans les regards une anxiété et une impatience mal déguisées. Chaque jour, le regret de la liberté s'excite en des réunions secrètes, où les conteurs rappellent les exploits des ancêtres et entonnent des refrains patriotiques. Comment Barth a-t-il pu croire à l'humeur pacifique de gens qui se tiennent à l'écart avec des allures si maussades et apaisent insuffisamment leur soif de sang par des *vendettas* horribles? L'ancienne Corse n'a jamais commis autant de représailles individuelles en une année. Durant mon séjour, un homme a été coupé en morceaux parce qu'il courtisait la femme d'un voisin. La mère d'un assassin s'est précipitée aux genoux du gouverneur ottoman, pour demander la condamnation du coupable, tant elle était effrayée par la perspective des vengeances qui suivraient inexorablement le crime de son fils. On m'a montré un enfant qui avait tué le meurtrier de son père, en lui déchargeant à bout portant le fusil à pierre de la victime, trois ans après l'assassinat.

Quelle est l'origine de ces Berbères tripolitains? Comme

tous leurs congénères de l'Afrique du Nord, ils sont probablement le produit d'un mélange entre les invasions de l'Orient et les races libyennes dont les anciens nous ont laissé le nom et le type. D'autre part, s'il existe une indéniable affinité entre les « montagnards » du vilayet et ceux de l'Atlas, les Kabyles d'avant la conquête française présentent seuls une ressemblance complète.

L'étranger le moins familiarisé avec les visages africains distinguerait sans peine un Berbère d'un Arabe, sous leurs vêtements identiques. L'agilité et la vigueur du premier, sa stature carrée et sa large face brunie forment un contraste saisissant avec la lenteur et la mollesse du second, sa silhouette élancée et son visage mat. Autant l'indigène des Djebels paraît enthousiaste et vif, autant celui de la Djeffara et du T'ahar déconcerte par son air nonchalant et blasé. Les mœurs diffèrent plus encore que le type et le caractère : dans les Djebels, on travaille sans merci, on gîte dans des demeures fixes, les unes suspendues au sommet des cimes isolées, les autres creusées dans le sol.

Nalout, Mahmout, Kabao, sont des repaires d'aigle entourés de précipices effrayants et surmontés de citadelles taillées à même le roc, sans la moindre assise de maçonnerie. On ne peut s'imaginer ces châteaux-forts qu'en feuilletant les gravures de Gustave Doré. Dès qu'on franchit la sombre et longue voûte de l'entrée, il faut obliquer les épaules pour se faufiler dans un labyrinthe de ruelles si profondes que le soleil n'y descend jamais. Les parois verticales, taillées à coups de pic, produisent l'effet d'un colombarium avec leurs trous réguliers qui servent d'ouverture à autant de magasins où les habitants du village cachent leur épargne alimentaire, comme aux époques des alertes continuelles qui obligeaient à chercher un suprême refuge dans la citadelle. Et les ménagères y puisent, chaque matin, la provision nécessaire aux repas de la journée.

Chez ces troglodytes, j'ai retrouvé les dispositions de

chambres souterraines et les ustensiles décrits par les géographes grecs. Zentan et Gariana se terrent ainsi en des puisards au fond desquels débouchent les sombres appartements de chaque famille et l'on chercherait inutilement dans ces districts une seule habitation à la surface du sol. Depuis la plus haute antiquité, l'homme s'abrite ici du vent, de la pluie, des chaleurs du jour et des froidures nocturnes, en des souterrains hygiéniques et propices à la défense.

Quelques-uns des centres des Djebels Nefousa et Yffren réservent bon accueil aux familles juives, isolées parmi les musulmans. Ces israélites, qui gardent la pureté de leur foi, se sont façonnés aux usages de leurs hôtes jusqu'à se confondre avec eux. Ils font remonter aux captivités de Babylone leur arrivée dans le pays; elle serait dès lors plus ancienne que l'installation des Berbères sous leur forme actuelle et expliquerait la tolérance dont ils jouissent. Leurs coréligionnaires du Gariana n'ont pas autant de chance ; dans ce massif où l'élément arabe prédomine, les Juifs vivent dans un asservissement féodal très rigoureux, que les Turcs n'ont pas encore aboli.

J'ai vainement cherché les vestiges de l'antiquité dans cette bordure vermoulue du T'ahar. Ceux que Duveyrier signalait appartiennent à l'époque médiévale que les guides de notre intrépide compatriote confondaient avec la domination romaine.

On ne peut cependant admettre que les habiles colons de l'Italie se soient désintéressés d'une des régions les plus attirantes de leur possessions africaines. Aussi se sont-ils bien gardés de la dédaigner. Seulement, ils ont laissé les industrieux indigènes se tirer d'affaire tout seuls et, fidèles à leur méthode de protectorat, ils se sont bornés à circonscrire les Djebels par une ligne de postes fortifiés et de bourgades où résidaient les garnisons et les fonctionnaires. Une piste courait le long de ces stations romaines et permettait aux convois de voyager en toute sécurité depuis

Tacapes (Gabès) jusqu'à *Leptis Magna* (Lebda). Ainsi se trouva tracé le fameux *Limes tripolitanus*, qui reliait les principaux centres agricoles des hautes terres.

Sur le territoire tunisien, l'identification des stations de ce limes a été faite par nos officiers : j'ai eu la satisfaction de l'achever sur le sol tripolitain. De Nalout à Yffren, la série des *Burgi* et des *Castella* s'échelonne sur la crête du plateau, en rasant de près la naissance des vallées septentrionales, de manière à économiser l'espace et à se maintenir sur les étendues planes. A partir d'Yffren, elle oblique vers le Sud-Est pour éviter les îlots tourmentés du Gariana et du haut Tarhouna; puis, elle emprunte la vallée du Temsiouan (ouadi Lebda) et aboutit à Leptis. Étaient-ce les légions romaines qui fournissaient les contingents de ces garnisons? Je ne le crois pas. Rome, toujours avare de son sang et de son argent, confiait d'ordinaire la garde de ses frontières à des troupes indigènes. encadrées de centurions et de décurions, comme nos turcos et nos spahis le sont par des officiers et des sous-officiers européens. Tous ces auxiliaires, cavaliers des *alae* ou fantassins des *cohortes*, jouaient d'ailleurs leur rôle avec la plus grande fidélité, sous le commandement d'officiers de rang équestre. Les troupes indigènes rendaient d'autant plus de services qu'on prenait toujours soin de les affecter aux postes qui leur convenaient le plus et qu'on les y laissait indéfiniment. Rompues au climat, familiarisées avec les habitants et avec la tactique de l'ennemi, elles évitaient ces déplorables tâtonnements auxquels nos garnisons coloniales sont trop souvent exposées. Les gradés, bons à toute besogne utile, remplissaient aussi les fonctions de maîtres d'école et répandaient leur influence avec la langue de Cicéron. Aussi ai-je constaté que toutes les épitaphes de cette époque sont rédigées en latin. Une poignée d'hommes suffisait à garnir les réduits de Tabuinati, Thramusdusim, Thamascaltin, Thenteos, Auru et Vinaza, alors que nous y eussions employé une armée de fonctionnaires. Ces représentants de l'autorité romaine n'étaient pas des moindres, à en juger par les vastes dimensions et la richesse des tombeaux qu'ils se sont fait construire sur le Limes.

Les monuments musulmans du moyen âge se réduisent à des pans de murailles sans ornementation, à des débris de forteresses, dont l'histoire est perdue et dont les matériaux épars servent aux fortifications modernes des Turcs. Comme le littoral et la Djeffara, on ne trouve ici que les traces des Romains.

Une population très clairsemée d'Arabes nomades habite les ondulations du plateau de Tarhouna, car cette terrasse intermédiaire entre la mer et le T'ahar, ne produit que l'alfa. Mais cette herbe sauvage tend à devenir la matière première d'une industrie sérieuse, depuis qu'on l'emploie à la fabrication du papier. Il y a vingt ans, les indigènes ne la coupaient que pour la nourriture du bétail pendant les années de sécheresse ; aujourd'hui, ils en chargent leurs chameaux et la vendent à Tripoli et à Khoms, où des usines à vapeur la compriment pour en alimenter les fabriques d'Angleterre. Ce n'est là cependant qu'un trop récent élément de prospérité pour qu'on puisse constater encore ses bienfaits.

Il faut aller jusqu'à l'extrémité nord orientale du Tarhouna, dans les belles collines de Msellata, pour voir apparaître de nouveau les ruines des Romains. Hérodote vantait déjà la fertilité de ces « montagnes des Grâces » où l'œil se repose encore sur de belles plantations d'oliviers et sur de vastes champs d'orge, qu'animent d'innombrables troupeaux de moutons. Les *burgi*, dont j'ai visité les restes, témoignent d'une prospérité ancienne, bien plus intense que celle d'aujourd'hui. Les barrages colossaux, les vastes citernes, les puits profonds, avaient décuplé le rendement normal de toute cette partie du Tarhouna où le pied se heurte sans cesse à quelque vestige de l'antiquité.

Un soir, le voyageur allemand Barth s'assit au pied de deux monolithes verticaux, reliés à leur sommet par une dalle horizontale. Ce ne peut être une porte, se dit-il, puisque l'embrasure est à peine large de quarante centimètres. Comme ses guides donnaient à ces pierres le nom d'autel Sanam, il inscrivit sur son carnet que c'était là un monument pour sacrifices humains. Il crut même voir, à la base, des cannelures pour l'écoulement du sang des victimes. J'ai retrouvé par centaines ces *sanams*, de même que MM. Cagnat et Saladin en ont retrouvé en Tunisie : ce sont de vulgaires pressoirs d'huile, des *torcularia*, comme disaient les Romains. Il en existe des vestiges là même où plus rien ne croît de nos jours.

La culture intense que produisait autrefois le Tarhouna était donc bien le résultat des puissants travaux d'irrigation qui barraient les ravins. On se demandera sans doute pourquoi l'ancienne terrasse tarhounienne a tant mérité les efforts des Romains alors que, dans les Djebels, les indigènes restaient livrés à eux-mêmes. L'aspect des lieux suffit à expliquer que là-bas les lopins croûlants des vallées abruptes n'offraient pas le superbe champ de labeur que nous trouvons ici.

Les Phéniciens, comme on sait, s'étaient bornés à établir des comptoirs sur le littoral syrtique, où leur influence n'a même pas réussi à importer leur langage. Celui-ci ne s'est propagé qu'à l'arrivée des Latins et s'est alors altéré au point de former un dialecte nouveau que nous désignons sous le nom de *néo-punique*. Aû temps des empereurs, les indigènes du Tarhouna se servaient de cette transformation pour leurs inscriptions sur les mausolées et sur les temples. J'ai eu la bonne fortune de découvrir, à Er Saïlat, une de ces pierres écrites, laquelle porte la dédicace d'un monument sous le proconsulat de Lucius Aelius Lamia, et notre Institut y attache une grande importance parce que c'est le premier document de ce genre auquel on puisse attribuer une date précise.

Durant la période médiévale, le Msellata abritait un grand nombre de châteaux, dont j'ai vu les restes. Certains d'entre eux ont servi de résidence à des seigneurs arabes, enrichis par la prospérité de ce district. Malheureusement les historiens ne nous ont rien laissé des souvenirs de ces petites cours du XIIIe siècle, où l'élégance régnait comme dans les autres parties de l'Afrique.

III

Abordons maintenant l'intérieur du grand plateau. Sa surface, généralement unie et presque complètement déserte, est striée par de longs et profonds ouadis, parallèles au rivage de Tripoli. Le sable en recouvre la partie occidentale et l'on se demande de quoi vivent les poignées d'indigènes qu'on rencontre quelquefois au bord des puits et qui se dispersent sur les mamelons arides de l'horizon. La partie orientale, plus spécialement désignée sous le nom d'Orfella, est un désert de grosses pierres où la marche est si pénible que l'on suivrait le passage des caravanes aux traces de sang qu'y laissent les pieds des animaux. La fatigue s'augmente encore des innombrables cañons des ouadis, ornières très profondes, qu'on descend et remonte sans cesse par des berges à pic. Rarement ces ravins contiennent des puits, parce qu'il faut creuser jusqu'à soixante et quatre-vingts mètres pour atteindre l'eau souterraine. Les voyageurs doivent rechercher avec soin les points d'eau : ils risqueraient gros jeu s'ils s'en écartaient.

En dehors des ouadis, il n'existe pas un mètre carré d'espace labourable, tandis que les thalwegs, recouverts de sable marneux se prêtent à la culture de l'orge dès qu'on les arrose. Tout le système hydrographique du T'ahar reste souterrain, sauf les rares avalanches succédant aux orages. Aucun indigène vivant ne se souvient d'avoir vu de l'eau dans le Soffedjin et le Zemzem, mais les vieillards tiennent de leurs pères qu'une fois les crues subites remplirent le ravin et noyèrent habitants et moutons par milliers. Un tributaire de la Hammada, l'Aptouat, aurait été récemment le théâtre d'une castastrophe semblable.

La plus longue des artères du T'ahar, le Soffedjin, tire probablement son nom (Soff-ed-Djinn, vallée des diables) de la quantité de serpents pitons qui y foisonnent. Le fils d'un des cheiks qui me donnait l'hospitalité à Teboul a été victime de ces reptiles. Accourus à ses cris, ses compagnons le trouvèrent mort; après avoir étourdi le serpent, ils eurent beaucoup de peine à délivrer le cadavre de la spirale vivante qui l'avait étranglé. On m'a souvent montré, sur les buissons, les flocons de laine arrachés aux moutons des douars par leurs terribles agresseurs. Les indigènes affirment que le caméléon, malgré sa faiblesse, extermine le piton, en injectant dans son gosier une salive gélatineuse qui l'étouffe.

Les espaces pierreux, entre les ouadis, pullulent de gros scorpions verdâtres. Je ne crois pas qu'en aucune partie du monde il y en ait autant. A Orfella, les toitures des maisons sont pleines de ces horribles insectes, qui se laissent choir, la nuit, sur les dormeurs. Au dire des nomades, la blessure ne serait pas mortelle et il suffirait de la frotter avec une certaine herbe pour en guérir. Si l'observation est vraie, elle ne s'applique qu'aux indigènes et, dans ce cas, il faudrait l'attribuer à une inoculation atavique; les étrangers, Arabes ou autres, meurent dans d'affreuses souffrances quelques heures après la piqûre.

On conçoit à la rigueur que, dans ce désert où pas un brin d'herbe ne tremble au vent, les scorpions réussissent à crocheter avec leur aiguillon caudal les insectes microscopiques dont ils font leur nourriture. Mais quelle peut bien être la pâture des troupeaux de gazelles qui parcourent en tourbillon ces solitudes et s'enivrent du bruit de leurs sabots sur les roches? J'en ai aperçu des légions, à grande distance il est vrai, car les antilopes ne se laissent pas approcher. Pour les atteindre avec leurs balles, les chasseurs de cette région restent à l'affût pendant plusieurs jours.

A Misda et à Orfella, les deux seuls centres de sédentaires, les Turcs ont installé leurs fonctionnaires et les Senoussis leurs couvents. L'influence religieuse de ces derniers paraît toute puissante. Au nom du grand chef, actuellement réfugié dans le Ouadaï, les frères ou « Khouans » façonnent à leur gré la conscience des nomades dans l'étau des dogmes. Toujours désireux de mériter le paradis de Mahomet, un Arabe prendra secrètement l'avis de ces prêtres vénérés avant d'obéir aux autorités.

Il ne semble pas d'ailleurs que la direction morale des Senoussis s'exerce contre les maîtres politiques du pays, comme on les en accuse à tort ou à raison dans nos possessions algériennes. Au point de vue religieux, le targui lui-même se montre docile envers les Khouans, sauf les dissidents échappés de notre Sahara. Car il existe, depuis quelques mois, dans le haut Soffedjin, une invasion de Touareg français, provenant des territoires azgueurs. Jusqu'ici les pillards de la route d'Ouargla à In-Sahah razziaient en toute sécurité pendant l'été, convaincus que les Français n'oseraient jamais s'aventurer à cette époque dans leur fournaise. L'an dernier, le capitaine Pein et le lieutenant Besset les ont poursuivis à outrance avec des goums de Chaambas[1], dans un raid admirable où nos soldats arabes eux-mêmes n'ont pas été de force à accompagner les deux Européens. Je me suis heurté à l'une de ces hordes, aux puits d'Ogla, et si j'ai échappé à leur haine du roumi, je crois devoir l'attribuer à la crainte où elles sont de compromettre leur dernier refuge.

1. Les Chaambas sont les plus mortels ennemis des Touareg.

Pour des nouveaux venus il n'est pas facile de se cantonner pacifiquement dans un pays où la population occupe tous les rares espaces habitables. Ces malheureux Touareg fugitifs, privés d'eau et réduits à leurs dernières provisions de dattes, ne résisteront pas longtemps à l'épouvantable existence qu'ils mènent autour des collines de Chéa. Déjà, quelques-uns désirent proposer leur soumission, comme ils me l'ont fait savoir par des émissaires; je n'avais pas qualité pour traiter la question et mon rôle s'est borné au conseil de demander l'aman au gouverneur général de l'Algérie, après restitution de tous les chameaux qu'ils ont volés.

Serait-il vraiment impossible de transformer ces vagabonds malfaisants en tribus sédentaires et paisibles? Je crois qu'on le pourrait. Certes, les difficultés abondent, mais pourquoi ne les surmonterait-on pas? Les Touareg en somme appartiennent à la même race que les laborieux Berbères. En vertu du principe que « la fonction crée l'organe », le genre de vie a imposé des existences très différentes à des peuplades de même sang. Obligeons les Touareg à changer cette existence et nous modifierons en même temps leur caractère. Peut-être ce résultat est-il moins éloigné que l'on ne croit, aujourd'hui que la race targuie se sent traquée de toutes parts.

En Tripolitaine, les détrousseurs de caravanes ne se montrent plus que pour s'allier aux conducteurs de convois et les attaques ne sont plus à redouter qu'au sud des territoires ottomans. La France, bien qu'elle n'y soit pas encore intéressée directement, protège les traficants, autant que l'occupation actuelle du Soudan Central le permet. Nos troupes du Dammergou escortent les chameliers entre Zinder et l'Aïr et cette innovation heureuse a singulièrement augmenté notre prestige : « Qu'ils sont généreux, les Français, me disaient les chefs de convois; non seulement ils nous protègent, mais ils ne nous demandent rien pour de pareils services ! Non seulement ils ne nous demandent rien, mais ils empêchent le sultan du Zinder de prélever sur nous les sommes énormes qu'exigent de nos collègues les sultans des territoires anglais du Sokoto ! »

Deux grandes pistes relient Tripoli au bassin du Tchad : l'une par Rhadamès, Rhat et l'oasis d'Agadès, aboutit au Dammergou ; l'autre, par Sokna, le Fezzan et l'oasis de Kouar, se termine à Kano. Le Ouadaï communique plus directement avec la Méditerranée par le Tibesti et Benghasi. L'organisation séculaire des caravanes tripolitaines mérite l'attention de ceux qui se préoccupent de nos futurs débouchés du Soudan Central. Deux classes bien distinctes collaborent à ce trafic transsaharien : les commanditaires et les chefs caravaniers. Les premiers, négociants israélites de Tripoli, achètent en Europe les marchandises d'importation et y envoient les produits soudaniens ; les seconds, tous Arabes, organisent et conduisent les convois, vendent aux noirs les ballots confiés à leurs soins, achètent des indigènes les matières premières qu'ils apportent à la côte, trois ans après leur départ. Les bénéfices (200 pour cent) reviennent à part égale au commanditaire et à son vendeur. Le fournisseur sait qu'il peut compter sur la probité proverbiale de ses délégués, hommes de métier, adroits et courageux, dont le nombre ne dépasse pas dix à douze pour tout le vilayet. Un chef de caravane met tout son honneur a défendre ses ballots, usant tour à tour d'énergie et de diplomatie. Une tempête de sable extermine-t-elle les animaux de bât, aucune autre caravane ne touchera aux marchandises en détresse. Quand il viendra les reprendre avec de nouveaux chameaux, le sinistré les retrouvera intactes, à moins que les Touareg n'en aient eu vent.

On cite un de ces chefs qui s'est fait maître d'école, après le pillage de son convoi par les Touareg et a économisé sou par sou ses honoraires pendant vingt ans, pour indemniser en totalité les jeunes héritiers du commanditaire, qui ignoraient même l'ancienne perte de leur père.

Réunir des chameliers et des chameaux est une opération difficile, où les chefs de caravane sont les seuls à réussir, tant à cause de leur expérience que parce qu'ils jouissent d'une grosse influence. Les entreprises de ce genre exigent un labeur considérable qu'il faut renouveler maintes fois sur la route, bêtes et gens ne dépassant jamais les limites de leurs régions respectives : T'ahar, Fezzan, Aïr, etc. Parfois, quatre mois de séjour dans un marché deviennent nécessaire au groupement de la caravane.

Les dévastations de Rabah ont porté un coup très sensible au commerce transsaharien, mais les cotonnades, la quincaillerie, l'épicerie, se colportent en plus grande quantité depuis la mort de l'envahisseur ; les plumes d'autruche, les peaux tannées, l'ivoire commencent à revenir plus fréquemment vers le littoral.

Dans l'antiquité ce trafic était considérable. Malheureusement c'est tout ce que nous savons des relations des Phéniciens et des Romains avec les mystérieux Garamantes ; les détails nous échappent. Mais ce que j'ai constaté avec étonnement, c'est le degré de prospérité agricole auquel étaient parvenues certaines contrées éloignées du T'ahar, qui s'incline vers le monde saharien. A vrai dire, la partie orientale du plateau, l'Orfella, a été surtout cultivée ; au sud de Djebels il n'existe pas d'autres ruines que les *Castella* des voies de pénétration vers le Soudan.

Arrêtons-nous un instant sur ces routes. L'une partait de Sabratha et gagnait Rhadamès par Djoch (Sabria) ; en ce dernier point elle se bifurquait vers Ouamès et Misda, de manière que le grand emporium initial se trouvait aussi relié directement au Fezzan. L'autre piste conduisait d'Oea (Tripoli) à Garama (Mourzouk) par Rabta et Misda ; c'est à Vinaza (Djendouba) que cette voie coupait le Limes tripolitanus, ce qui faisait de ce croisement un centre important dont j'ai constaté les traces.

Si nous revenons à l'Orfella, nous découvrons les ruines romaines sur toutes les berges des Ouadis, le Soffedjin, le Zemzen, le Nefed, le Merdoum, le Sassou, et leurs nombreux tributaires, mais il n'en existe aucune sur les terrasses pierreuses qui séparent les ravins. Le long du Soffedjin, j'ai retrouvé les puissantes installations anciennes de Khalafaïdji, Ometela, Ngassa, Eremta, Mahadoula, Tininaye et Argous. La première, fortement retranchée sur l'éperon d'un ravin, abritait une communauté chrétienne au commencement de l'hégire, alors que les musulmans laissaient vivre en repos les prêtres des autres cultes. Les basiliques ne sont pas rares dans le Nefousa et le Gariana, mais celle de Khalafaïdji indique combien le christianisme s'est aventuré profondément dans le sud.

De tous les vestiges qui couronnent les berges des ravins, les ruines de Ghirza dans le Zemzem dépassent en beauté tout ce qu'on peut rencontrer sur le sol tripolitain. Deux superbes nécropoles, bien conservées, prolongent la cité, qui fut considérable. Les riches sculptures des mausolées en forme de temple trahissent une influence égyptienne et même assyrienne que les invasions terrestres de l'Orient nous expliquent. Frontons et bas-reliefs retracent la vie domestique de l'époque (ɪvᵉ ou vᵉ siècle de notre ère) : femmes allaitant leurs enfants, ou cuisant les repas; boulangers mettant le pain au four; vendangeurs cueillant le raisin, etc. Ainsi dans cette région où l'amoncellement énorme des pierres ne laisse pas passer la moindre tige végétale, où nul être humain ne se montre, la vigne et les céréales ont nourri plusieurs milliers d'habitants! Ghirza devait contribuer pour sa large part à ces fournitures de blé que Rome recevait d'Afrique et dont le monde enviait l'abondance, à l'époque où pour vanter la fortune d'un homme Horace disait qu'il avait des greniers en Libye. Pline raconte qu'un procurateur enthousiaste envoyait à Auguste quatre cents grains produits par un seul.

Il ajoute qu'il a vu la terre labourée par une charrue que traînaient un pauvre petit âne et par une femme. Les habitants du Zemzem n'en étaient sans doute pas réduits à atteler leurs épouses aux instruments aratoires, car les sculptures indiquent qu'on y employait le chameau. Jusqu'ici, cet animal passait pour avoir été introduit en Afrique par les Arabes. Les bas-reliefs trouvés récemment en Tunisie ébranlaient déjà cette conviction, mais pour la région du littoral seulement. Nous savons désormais qu'à 300 kilomètres de la Méditerranée le précieux dromadaire servait au labour.

Ces mêmes sculptures nous informent qu'on menait la vie large et élégante en Numidie. On s'y livrait aux plaisirs des courses, ce divertissement à la mode dans tout l'empire romain ; on organisait même des combats de taureaux, des chasses au lion, à la gazelle, aux autruches.

La Cyrénaïque était jusqu'à présent considérée comme le territoire où le sylphium croissait exclusivement. Mais on cultivait à Ghirza, comme sur le plateau de Barka, ce précieux arbrisseau dont la sève se vendait au poids de l'or. Combien grande devait être la richesse d'une région qui produisait ce végétal, puisque César retira une somme de 1.500 marcs d'argent du suc d'une seule tige! Les Romains enfermaient la plante dans leurs coffres publics et préféraient cette valeur à la monnaie. D'après les bas-reliefs que j'ai retrouvés, cette plante était un ombellifère aux feuilles découpées et opposées, comme l'indiquait déjà la description de Théophraste. Serait-ce le Thapsia? Dans ce cas, les auteurs anciens exagéraient ridiculement les vertus de cette panacée qui, d'après eux, désinfectait l'eau et l'air, anesthésiait les membres endoloris, guérissait miraculeusement les plus graves maladies.

Les tombeaux romains, que se faisaient édifier les riches Libyens de cette région avec des épitaphes en langue latine, sont l'œuvre d'habiles ouvriers indigènes. Les pierres de taille, les colonnes, les corniches fouillées, les piédestaux revêtus de marbre, ont été construits par des artistes africains, à qui les empereurs faisaient soigneusement apprendre l'architecture romaine. On sait que Constantin poussait les jeunes Berbères dans ce métier et les encourageait par des exemptions d'impôts, de sorte que des mains expertes répandaient l'art latin jusqu'aux confins du Sahara. Les mausolées du ouadi Nefed, entre le Soffedjin et le Zemzem, affectent une forme d'obélisque spéciale à ce coin d'Afrique. De loin, on dirait des aiguilles et c'est aussi le nom que leur donnent les nomades (Msellat). Ceux de Ahmed et de Feskia mesurent quatorze mètres de hauteur, sur une base d'un mètre de côté.

Les grandes fermes fortifiées qui se touchent presque sur dix ou douze kilomètres des berges du Merdoum, du Mimoum et du Sassou, montrent encore tous les détails de riches habitations agricoles. C'est un grand charme, quand on arrive fatigué à ces ruines, de s'isoler un moment dans leurs décombres et de revivre l'agréable existence des sages colons de l'antiquité! Je me suis assis avec délices à l'ombre des murs qui furent la *villa*, ou résidence du maître, avec ses bains et son atrium ; je me suis délecté dans les vestiges du *saltuarii janus*, où demeurait le chef des fermiers, dans le *pecuarii locus*, ou local du chef des troupeaux.

Une pierre ou deux de chacune de ces ruines ont été descellées par les modernes chercheurs de trésor, parce que les légendes affirment que des monnaies et des bijoux sont enfouis dans les monuments des Roumis; légendes qui proviennent sans doute de ce qu'on a quelquefois recueilli les pièces d'or, les bracelets et les anneaux, avec lesquels les anciens se faisaient inhumer.

Chaque pierre taillée est ornée de caractères libyques récemment gravés par les pâtres, en guise de *totems*, ce qui prouve que l'écriture tamazirt des Touareg et des

Berbères s'est aussi répandue parmi les Arabes nomades.

J'ai compté, dans le T'ahar oriental, plus de trois cents emplacements de castella et de fermes fortifiées et j'ai été frappé par la coïncidence absolue entre ces emplacements et les campements actuels. Les nomades s'installent aux endroits mêmes que les Romains avaient choisis : la différence consiste entre l'importance des constructions anciennes et la modestie des douars actuels.

IV

Terre vibrante de souvenirs, l'Afrique du Nord attire, comme un aimant, ceux que le passé émeut. On vient de voir jusqu'à quel degré j'avais raison de m'obstiner à la découverte de la seule contrée qui y restât inconnue.

Les Romains ont su faire un beau pays de la Tripolitaine, qu'ils avaient trouvée complètement aride. Sous leur administration, l'essor a été prodigieux et continu. Partout où la marne se mêle à l'effritement pulvérulent des roches primitives, les dominateurs ont extrait l'eau souterraine et réalisé des prodiges. Dans les Djebel, ils ont dirigé l'instinct des indigènes, si aptes à irriguer les terrains morcelés par le ravinement des torrents. A Orfella, ils ont aidé les nomades par des travaux hydrographiques de la plus haute valeur, que seuls ils étaient capables de construire. Habiles à capter les moindres sources, à pomper les nappes sous-jacentes, ils ont eu un autre mérite, celui de persévérer dans l'entretien de cet immense labeur, où personne ne les a surpassés.

On a prétendu que l'Afrique possédait des forêts dans l'antiquité. C'est une hypothèse contestable, puisque Salluste et d'autres auteurs racontent le contraire. En tous cas, elle ne saurait s'appliquer qu'à certains districts algériens et nullement à la Tripolitaine, où nous n'avons vu aucune trace forestière.

Pour la Numidie (Africa Nova), les empereurs confiaient au sénat les provinces riveraines de la Méditerranée et se réservaient les régions éloignées avec le commandement des troupes, ce qui servait à merveille leurs visées politiques. Malgré leur nombre, les colons impériaux ont vite compris qu'ils ne réussiraient pas à occuper un si vaste pays sans la collaboration des indigènes et ils se sont appliqués à gagner la confiance de ceux-ci. Nulle part, ils n'ont imposé leurs institutions de la métropole, ni supprimé les municipalités existantes. Toutes leurs innovations se sont bornées à dispenser aux groupes nomades le droit de cité, avec les prérogatives qui y étaient attachées. Leur religion, qui n'eut pas à combattre le fanatisme musulman, s'assimila aux croyances des autochtones, si bien que les dieux Bacax, Baldir, etc., se mêlèrent au culte des nouveaux venus. D'autres dieux furent adoptés dans Rome même, où Tanit devint la *Dea Celestis* et Baal-Hammon le tout-puissant Saturne. Rehaussée par la création des temples, la religion numide n'a jamais brillé d'un aussi vif éclat que pendant la domination romaine.

Tout cela est indiscutable, mais il ne faut pas oublier, lorsque nous cherchons des modèles dans le passé, que les Romains ont employé des siècles à réaliser la prospérité à laquelle nous tendons aujourd'hui et qu'en somme ils ont progressé beaucoup moins rapidement que nous. Si nous leur restons inférieurs, c'est sur un point seulement : l'assimilation des indigènes. Ce point est de première importance, il est vrai, mais nos devanciers auraient-ils mieux réussi que nous, s'ils s'étaient trouvés en face de l'Islam ?

En ce qui concerne spécialement la région des Syrtes, cette province numide tirait aussi une grande valeur de ses avantages géographiques ; l'échancrure des Syrtes rapprochait considérablement du Soudan central les marchands européens. Les textes grecs et latins nous affirment que les relations étaient nombreuses et lucratives. Les vestiges de Sabratha et de Leptis nous montrent que les Garamantes affluaient a la côte avec leurs riches produits et y trafiquaient avec tant de bonheur que les huttes se transformaient en palais, les villages en cités.

Il n'entre pas dans notre cadre de traiter la question des débouchés futurs de notre Soudan central, mais elle se rattache trop intimement au vilayet turc pour qu'il nous soit défendu d'en dire un mot. Jusqu'à présent, tout le commerce du Tchad se fait exclusivement par les caravanes méditerranéennes et toutes les caravanes aboutissent sur le littoral tripolitain. Nous escortons les convois entre Zinder et l'Aïr, mais pour qui travaillons-nous? La Turquie n'en tire que des bénéfices insignifiants, c'est l'Angleterre surtout, puis l'Amérique, l'Italie et l'Allemagne qui profitent de notre Kanem, de notre Ouaddaï et de notre Dammergou. Nos protégés ne sont pas nos clients commerciaux !

Tout le monde s'accorde à reconnaître que cette situation ne saurait durer et qu'il faut enlever à nos rivaux la clientèle de nos nègres soudanais. Mais on parle de temporisation ; on hésite devant la crainte d'entreprendre des dépenses disproportionnées avec les résultats qu'on en peut immédiatement attendre; bref on ne songe qu'au présent et on néglige l'avenir. Si nous nous sommes fait céder le bassin du Tchad et le Ouaddaï, c'est à cause des exploitations d'agriculture et d'élevage qui y prospèreront avec nous. Par où drainerons nous ces produits ? Les débouchés du Sénégal, du Dahomey et du Congo ne présentent pas un réseau hydrographique bien favorable : il faut user d'hommes-porteurs pendant des mois avant d'atteindre les fleuves de l'Atlantique. Or, le colportage sur les épaules humaines coûte cher et présente de grosses difficultés pour le ravitaillement de ces foules en voyage, tandis que le chameau du Sahara mange la première brindille venue et porte le poids de dix individus.

Si nous en étions réduits à l'Atlantique, la situation serait fâcheuse. Par bonheur, nous possédons le port de Gabès qui jouit des mêmes avantages que les autres villes des Syrtes; mêmes distances, mêmes routes. Si nous voulons nous réserver le fruit de nos conquêtes soudaniennes, il est temps de songer à Gabès, qui n'a pas encore reçu une seule caravane du Tchad; et l'urgence est d'autant plus grande que déjà les Anglais attirent sur Khartoum et leur voie ferrée du Nil les produits du Ouaddaï.

Telles sont les observations que m'a permis de faire une étude directe de la Tripolitaine, étude bien imparfaite sans doute, mais la première et la seule qu'on ait pu tenter jusqu'à ce jour.

ANGERS. — IMP. A. BURDIN ET Cie, 4, RUE GARNIER.

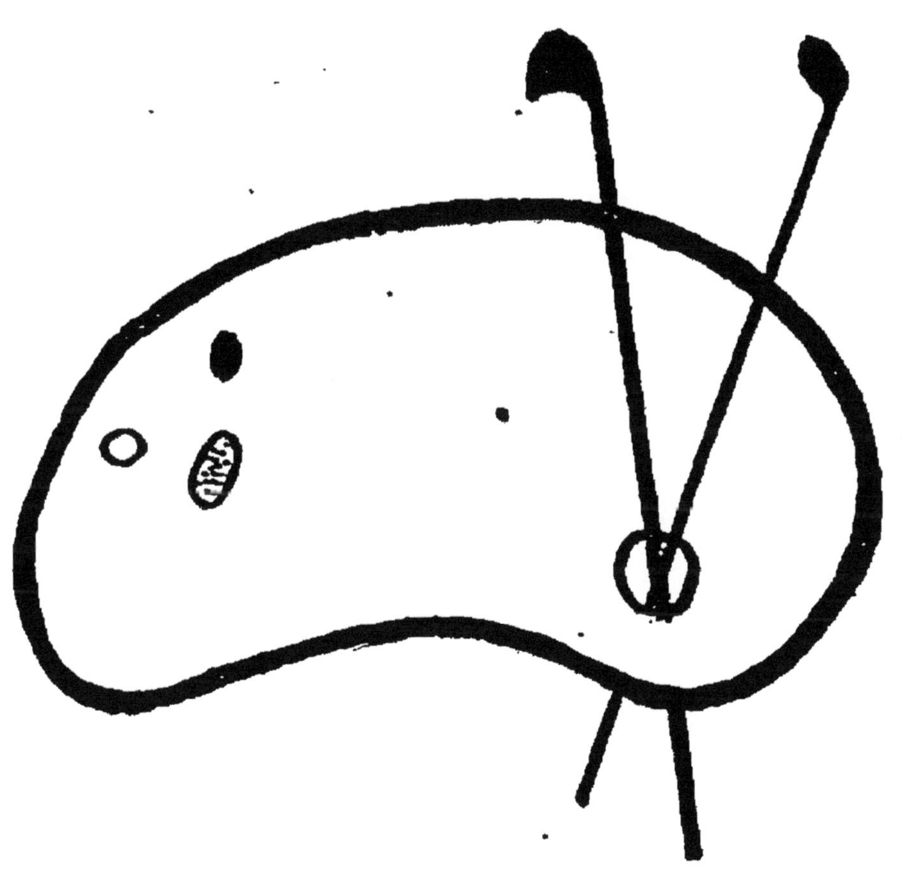

www.ingramcontent.com/pod-product-compliance
Ingram Content Group UK Ltd.
Pitfield, Milton Keynes, MK11 3LW, UK
UKHW012111240726
13965UKWH00004B/1694

9 782013 366816